# BOEKANALYSE

AF142033

# Het portret van Dorian Gray

· · · · · · · · · · · · · · ·

OSCAR WILDE

# BOEKANALYSE

Geschreven door Vincent Guillaume
Vertaald door Nikki Claes

# Het portret van Dorian Gray

## OSCAR WILDE

# OSCAR WILDE

**IERSE SCHRIJVER, DICHTER, TONEELSCHRIJVER, SCHRIJVER VAN KORTE VERHALEN EN ESSAYIST.**

- **Geboren in Dublin in 1854**

- **Overleden in Parijs in 1900**

- **Opmerkelijke werken:**

  - *De ziel van de mens onder het socialisme* (1891), essay

  - *Salome* (1893), toneelstuk

  - *The Importance of Being Earnest* (1895), toneelstuk

Oscar Wilde was een in Ierland geboren schrijver die het grootste deel van zijn leven in Londen doorbracht, en hij is ongetwijfeld de beste vertegenwoordiger van het "Fin-de-Siècle" in de Engelstalige wereld. Als voorstander van de decadente beweging en het estheticisme wilde hij dat niets de kunst en de schoonheid in de weg stond.

Zijn manieren als uitbundige dandy en zijn anti-conformisme schokten, en hij kreeg soms uiterst gewelddadige reacties. In 1895 werd hij in de gevangenis van Reading wegens homoseksualiteit veroordeeld tot twee jaar dwangarbeid. Na het uitzitten van zijn straf verbant hij zich naar Parijs, waar hij in 1900 berooid sterft. Zijn beroemdste werken zijn *Het portret van Dorian Gray* (1890-1891) en het toneelstuk *The Importance of Being Earnest* (1895).

# HET PORTRET VAN DORIAN GRAY

## HET UITERLIJK VAN EEN IERSE DANDY

- **Genre:** roman
- **Referentie-uitgave:** Wilde, O. (2001) *The Picture of Dorian Gray*. Londen: Wordsworth Classics.
- **Eerste uitgave**: 1890
- **Thema's:** ouderdom, schoonheid, uiterlijk, immoraliteit, kunst, literatuur, jeugd

*Het portret van Dorian Gray,* oorspronkelijk gepubliceerd in het *Lippincott's Monthly Magazine* in 1890 en vervolgens bewerkt en uitgebreid in 1891, is de enige roman van Oscar Wilde. Het vertelt het verhaal van een jonge man met een fascinerende schoonheid die de wens doet om zijn charmes en jeugd voor altijd te behouden. Op onverklaarbare wijze wordt zijn wens vervuld, en het is het portret dat een vriend van hem maakt dat in zijn plaats verandert en de sporen draagt van de ouderdom en van de decadente genoegens waarin hij zich met lichaam en ziel stort.

Het centrale thema in *Het portret van Dorian Gray* is de door Wilde bepleite emancipatie van kunst en moraal. De roman veroorzaakte een schandaal toen hij werd gepubliceerd, vanwege de manier waarop de auteur beschrijft hoe het personage zich in losbandigheid stort, zonder zijn immoraliteit expliciet te veroordelen.

# SAMENVATTING

## VOORWOORD

Wilde zet zijn artistieke overtuigingen uiteen, waarbij hij kunst koppelt aan het begrip schoonheid in zijn brede betekenis en weigert er een morele of meer utilitaire dimensie aan toe te kennen.

## HOOFDSTUK 1

Lord Henry Wotton, die op bezoek is bij de schilder Basil Hallward, bewondert het portret van een jongeman van buitengewone schoonheid, Dorian Gray. Basil zegt dat hij weigert het te exposeren, omdat hij te veel van zijn ziel in het schilderij heeft gelegd. Wanneer Dorian Gray in het atelier aankomt, vraagt Lord Henry om aan hem te worden voorgesteld, tegen de wens van Basil in, die hem smeekt hem niet te corrumperen met zijn snode invloed.

## HOOFDSTUK 2

Lord Henry praat met Dorian terwijl de jongeman voor Basil zit. Hij spoort hem aan te genieten van zijn jeugd en zijn schoonheid voordat ze afnemen. Dorian is verontrust door deze woorden. Als het portret klaar is, krijgt hij een openbaring terwijl hij naar het schilderij kijkt "alsof hij zichzelf voor het eerst herkent" (hoofdstuk 2). Verlamd door het idee zijn schoonheid te verliezen terwijl het portret voor altijd onbevlekt zou blijven, wenst hij dat deze volgorde wordt omgekeerd.

## HOOFDSTUK 3

Lord Henry gaat naar zijn oom om informatie te krijgen over Dorians familie. Hij besluit de invloed van Dorian te worden, net zoals Dorian zelf Basil beïnvloedt.

## HOOFDSTUK 4

Dorian legt aan Lord Henry uit hoe hij de liefde van zijn leven, de actrice Sibyl Vane, heeft ontmoet. Lord Henry is gefascineerd door Dorians enthousiasme. Later ontvangt hij een telegram van hem waarin staat dat hij en Sibyl Vane verloofd zijn.

## HOOFDSTUK 5

Dit hoofdstuk introduceert Sibyl, die volkomen gelukkig is in haar liefde voor Dorian, en haar moeder en haar jongere broer, James, die zich zorgen maakt over zijn zus. Haar relatie met deze onbekende man (ze noemt hem "prince charming") bevalt hem niet.

## HOOFDSTUKKEN 6-7

Dorian, Lord Henry en Basil gaan naar het theater. Op het toneel speelt Sibyl heel slecht; Dorian is diep geschokt. Na het stuk kondigt ze hem met goede bedoelingen aan dat ze het theater, de enige wereld die ze ooit heeft gekend, heeft verlaten om zich volledig aan hem te geven, die haar de ogen heeft geopend voor een veel mooiere werkelijkheid. Maar Dorian hield van haar vanwege haar talent; haar liefde laat hem onverschillig. Walgend vertelt hij haar van zijn minachting en verlaat haar.

Terug thuis merkt Dorian dat zijn portret een licht wrede glimlach heeft. Hij wordt herinnerd aan zijn wens en beseft dat hij voor zijn geweten staat. Zijn eigen uitdrukking is niet veranderd. Overmand door medelijden met zijn portret, zweert hij nooit meer te zondigen.

## HOOFDSTUK 8

De volgende dag schrijft hij Sibyl om zich te verontschuldigen. Nu hij dat gedaan heeft, voelt hij zich al vergeven. Lord Henry arriveert en vertelt hem dat Sibyl zichzelf uit liefde heeft gedood. Hij is bang dat de tragedie hem niet zal raken zoals hij zou willen. In plaats van hem te troosten, moedigt Lord Henry hem aan de schoonheid van deze dood in te zien. Dorian voelt zich beter en ontdekt zijn ware ik. Hij is van gedachten veranderd over het portret: voortaan zal het portret het gewicht van zijn passies dragen.

## HOOFDSTUK 9

Basil vraagt of hij het portret mag zien en zegt dat hij het wil tentoonstellen. Dorian is doodsbang. Hij bekent dan dat hij een geheim heeft en biedt aan het te vertellen als Basil uitlegt waarom hij het eerst niet wilde tentoonstellen.

Basil bekent dat hij hem aanbidt en vreesde dat het in zijn schilderij te zien was; nu vindt hij die gedachte stom. Dorian, opgelucht, bekent dat hij inderdaad "iets" in het portret heeft gezien, maar weigert het nog steeds te laten zien.

## HOOFDSTUK 10

Dorian begint paranoïde te worden van degenen die te dicht bij het gesluierde portret komen; hij verbergt het in zijn vroegere studeerkamer, op de bovenste verdieping van het huis. Vervolgens brengt hij een groot deel van de avond door met het lezen van een vreemd en fascinerend boek dat Lord Henry hem heeft gestuurd.

## HOOFDSTUK 11

Gedurende enkele jaren leeft Dorian onder invloed van het boek. Hij leidt een dubbelleven, fatsoenlijk in schijn, maar heimelijk losbandig, en beleeft exotische en decadente genoegens. Toch is hij ook ten prooi aan een aanhoudende angst dat zijn geheim ontdekt zou kunnen worden. Bovendien doen er schandalige geruchten de ronde over hem, maar gelukkig houden zijn rijkdom en zijn charme hem in stand.

## HOOFDSTUKKEN 12-14

Dorian is 38 jaar oud. Op een avond ontmoet hij Basil en voelt zich verplicht hem bij hem thuis uit te nodigen. Basil vermeldt de vreselijke geruchten over hem en concludeert dat hij, om hem echt te kennen, zijn ziel moet zien. Dorian stemt geagiteerd in en brengt hem naar het portret. Basil begrijpt wat er is gebeurd. Bij het zien van het portret wordt Dorian gegrepen door een plotselinge en oncontroleerbare haat tegen de schilder. Hij vermoordt hem op brute wijze met een mes. De volgende dag houdt Dorian zich bezig, in een poging zijn misdaad te vergeten, en raakt steeds meer in paniek totdat zijn vroegere vriend Alan Campbell, een chemicus, arriveert. Hij vraagt hem Basil's lichaam te laten verdwijnen.

## HOOFDSTUKKEN 15-16

De volgende avond vraagt Lord Henry aan Dorian wat hij de vorige avond had gedaan en Dorian wordt nerveus. Hij gaat naar huis, verbrandt Basil's spullen en besluit naar een opiumhol te gaan.

Terwijl hij weggaat, roept een vrouw hem "prince charming", wat James Vane alarmeert, die in een hoekje lag te slapen. James valt Dorian op straat aan en kondigt aan dat hij de broer van Sibyl is en dat hij hem zal vermoorden. Dorian vraagt hem naar hem te kijken in het licht van een straatlantaarn; omdat hij nauwelijks 20 lijkt, denkt James dat hij zich vergist heeft en laat hem gaan.

## HOOFDSTUKKEN 17-18

Dorian heeft het gevoel dat hij wordt achtervolgd. Hoewel hij zich ervan bewust is dat zijn angst voor straf irrationeel is, gruwt hij bij het idee dat hij niet kan ontsnappen aan de onrust van zijn geweten. Tijdens een jachtpartij wordt een van de kloppers per ongeluk gedood, en Dorian ziet dit als een slecht voorteken dat zijn aanstaande ondergang voorspelt. Later hoort hij dat de klopper niet kon worden geïdentificeerd, en dat hij een pistool bij zich droeg. Dorian Gray gaat onmiddellijk naar het lichaam kijken, en herkent James Vane. Hij is zo opgelucht dat hij huilt.

## HOOFDSTUK 19-20

Dorian legt aan Lord Henry uit dat hij vastbesloten is te veranderen, omdat hij in zijn leven te veel verschrikkelijke dingen heeft gedaan. Maar volgens Lord Henry zal Dorian er niet in slagen te veranderen. Vlak voor hij naar huis gaat, wil Dorian nog iets bekennen aan Lord Henry (waarschijnlijk over de dood van Basil), maar ziet er uiteindelijk van af.

Eenmaal thuis denkt Dorian met nostalgie aan zijn vroegere onschuld. Hij zou liever elk van zijn zonden inlossen, dan zijn portret te vernietigen. Hij besluit goed te worden. Uit nieuwsgierigheid klimt hij de trap op om te zien of een goede daad die hij onlangs heeft verricht iets heeft veranderd. Maar het schilderij is nog steeds even afschuwelijk; hij ziet zelfs een nieuwe hypocriete uitdrukking.

Dorian kan de beschuldigingen niet langer verdragen en probeert het portret met een mes te vernietigen om eindelijk vrede te hebben. Zijn bedienden worden gewekt door een verschrikkelijke schreeuw; al snel vinden ze het schilderij, intact en opnieuw Dorian afbeeldend in al zijn glorie, en aan de voet ervan, hun meester, dood, gestoken in het hart, gerimpeld en afzichtelijk.

# KARAKTERSTUDIE

## DORIAN GRAY

Hij is de zoon van Lady Margaret Devereux – een ongelooflijk mooie aristocrate – en een onbekende soldaat van lagere rang. Op jonge leeftijd wees geworden, bleef hij wonen in het ouderlijk huis, een rijk versierd huis, omringd door lakeien en een gouvernante.

Dorian bezit een eigenaardige charme en genereert fascinatie bij zijn vrienden Basil en Lord Henry. Hij ontwikkelt zich in de loop van het verhaal radicaal, namelijk door de invloed van Lord Henry:

- Aan het begin van de roman wordt Dorian geïntroduceerd als een openhartige jongeman, bijna kinderlijk, spontaan hoewel verlegen, en vol levensvreugde.

- Al snel neemt hij de weg in van een ontgoochelde dandy, cynisch, egocentrisch en amoreel, die alleen voor de kunst leeft en gespeend is van enige echte sympathie voor mensen (hij geeft bijvoorbeeld de voorkeur aan het acteerwerk van Sibyl boven Sibyl zelf). Zijn medeleven mag dan diep zijn, het is slechts vluchtig, want het enige wat hem interesseert is te genieten van alles wat goed is in een persoon (bijvoorbeeld de tragische dimensies van die persoon), totdat het hem niet meer interesseert.

Door zijn artistieke gevoeligheden te voeden met geraffineerde en verboden genoegens (waaronder drugs, lust, soms homoseksuele relaties, zoals Wilde suggereert) wordt Dorians ziel vernederd. Dankzij de wens die hij gedaan heeft (hoofdstuk 2), behoudt hij alle schijn van zijn charme, maar zijn portret wordt in zijn plaats vernederd.

Dorian blijft echter van het begin tot het einde scherpzinnig: hij beseft al snel dat het cynisme van Lord Henry angstaanjagend en giftig is, maar hij vindt het te fascinerend om te weerstaan; hij begrijpt vrijwel onmiddellijk dat zijn portret zijn geweten weerspiegelt, maar kiest ervoor van dit feit gebruik te maken; tot twee keer toe zweert hij dat hij weer goed zal worden (hoofdstukken 7 en 19), maar hij beseft al snel dat hem dat nooit zal lukken, omdat het zou betekenen dat hij tegen zijn natuur ingaat.

Hoewel hij zijn dubbelleven waardeert, waarin zijn onsterfelijke charme hem beschermt tegen de steeds ergere geruchten die over hem de ronde doen, weegt zijn geheim zwaar op zijn gemoed: hij wordt steeds paranoïde (vooral nadat hij Basil heeft vermoord) en wordt gekweld door een enorm schuldgevoel. Hij betreurt bitter zijn verloren onschuld. Het einde van de door Wilde in 1891 herwerkte tekst maakt echter duidelijker dat Dorian niet echt wroeging voelt; hij kan de beschuldigingen van zijn geweten niet langer verdragen en zoekt gewoon rust.

## LORD HENRY "HARRY" WOTTON

Lord Henry, een typische dandy (hoofdstuk 3), is een toonbeeld van immoraliteit. Geraffineerd en cynisch, die van schandalige en vluchtige genoegens een levenswijze maakt, verwoordt hij vaak zijn visie op de wereld door middel van aforismen en geïmproviseerde toespraken (waarschijnlijk meer voor de lol dan uit echte overtuiging, want hij zegt dat hij systematisch zijn eigen woorden vergeet). Hij fascineert Dorian met zijn manier van spreken en zijn bedwelmende ideeën en, zich bewust van zijn invloed, introduceert hij de jongeman in zijn manier van leven.

Lord Henry handhaaft een mate van eerlijkheid, want hij verbergt zijn ondeugden of zijn werkelijke motieven niet, waardoor hij trots is op zichzelf en de reputatie heeft afschuwelijk exquise te zijn.

Voor hem zijn kunst en plezier alles. Schoonheid is van essentieel belang, zozeer zelfs dat hij verklaart dat hij het zinloos vindt iemand te beoordelen op basis van iets anders dan zijn uiterlijk. Ontgoocheld en materialistisch, met een vluchtige belangstelling, geniet hij van het huidige moment en zijn vrienden zonder zich er echt mee bezig te houden, en zonder zich te bekommeren om het verleden. Het is zeker omdat Dorian Gray voor hem een niet aflatende bron van fascinatie is – hij beschouwt hem als een "meesterwerk" van het leven (hoofdstuk 4) – dat ze tot het einde toe bij elkaar blijven.

## BASIL HALLWARD

Als getalenteerd schilder, maar niet in staat om het hoogtepunt van zijn kunst te bereiken zonder Dorians aanwezigheid, is hij, zoals hij zelf zegt, gefascineerd door Dorians schoonheid en persoonlijkheid. Dorian is voor Basil, vanaf het moment dat ze elkaar ontmoetten, al zijn kunst geworden: hij lijkt een onbekend maar universeel artistiek ideaal te belichamen. Het is in een moment van grote inspiratie dat Basil het schilderij van Dorian Gray schildert.

Basil is een conservatieve ziel, met traditionele burgerlijke waarden van goedheid en naastenliefde. De amorele invloed van Lord Henry (zijn vriend uit Oxford) op Dorian, die hij vanaf het begin voorziet, is voor hem een ramp: door zijn "eenvoudige en mooie natuur" (hoofdstuk 1) te perverteren, dreigt deze invloed datgene te ondermijnen wat Dorian in zijn ogen zo uniek maakt. De belangstelling die hij voor Dorian heeft, heeft een doordringende egoïstische dimensie, waarvoor Dorian hem vanaf het begin verwijt dat hij hun vriendschap alleen baseert op zijn jeugd en goede uiterlijk – zodra hij oud zou worden, zou het afgelopen zijn.

Aanvankelijk weigert hij zijn portret van Dorian tentoon te stellen, uit angst dat zijn verering voor hem zichtbaar wordt en dat men de intimiteit van zijn ziel ontdekt, maar uiteindelijk beschouwt hij dit idee als dom. Nadat Dorian zich van hem distantieert, begint hij te geloven dat kunst de kunstenaar meer verbergt dan toont – wat een terugkeer is naar een van de argumenten uit het voorwoord.

## SIBYL VANE

Een arme jonge vrouw, ze is een Shakespeariaanse actrice in een smerig theater (ze speelt Julia de eerste keer dat Dorian haar ziet). Haar schoonheid ontroert Dorian, die ze steeds haar "prince charming" noemt. In de ogen van Dorian is zij echter de som van alle Shakespeariaanse personages die zij op het toneel speelt, en nooit Sibyl Vane.

Meer dan onschuldig is sibyl zich niet bewust van het effect dat zij op mannen heeft. Ze heeft geen levenservaring en heeft van haar moeder (die voortdurend in een permanent toneelstuk lijkt te leven) een wereldvisie geërfd die bol staat van de clichés. Sibyl heeft een groot gebrek aan persoonlijkheid; ze is nog steeds een naïef kind dat leeft in de wonderlijke verhalen waarin ze acteert.

Nadat ze Dorian heeft ontmoet, droomt ze ervan de oppervlakkigheid van het toneel te verlaten om echte passie te ervaren – maar opnieuw wordt duidelijk dat haar idee daarvan een transpositie van haar verhalen naar de werkelijkheid is.

## JAMES VANE

De broer van Sibyl, werkzaam als matroos, is een grove en stille jongeman. Hoewel hij niet erg slim lijkt, is hij de enige in de familie die realistisch is. Omdat hij aristocraten haat, zweert hij Dorian te vermoorden als hij zijn zus ooit iets aandoet. James' vader, een aristocraat, is nooit met zijn moeder getrouwd; daarom komt deze haat voort uit het instinct van zijn proletarische klasse.

# ANALYSE

## AMORELE SCHOONHEID

*Het portret van Dorian Gray loopt* hier parallel met twee stromingen waarmee Wilde in verband wordt gebracht door zijn duidelijke scheiding tussen kunst en moraal – tot op het punt dat Dorians neergang en dood kunnen worden geïnterpreteerd als het resultaat van een "ketterij" (Mighall, 2003: xxv): de ketterij dat hij een morele betekenis aan zijn portret heeft gegeven, waardoor hij een prachtig kunstvoorwerp bederft door het met zijn geweten te associëren.

## DECADENTE BEWEGING

Het einde van de 19th eeuw werd ervaren als het einde van een tijdperk. Een modieuze reactie was dan ook om datgene wat achter zou blijven af te wijzen: de moraal en de traditionele esthetische waarden werden afgewezen – op dezelfde manier waarop Lord Henry zijn ideeën in de hele roman blootlegt – verboden en exotische genoegens werden omarmd.

Dit gedrag is typerend voor een artistieke stroming, de decadente beweging, die een met humor en provocatie getinte uitdrukking is, een libertijnse en zwavelachtige evocatie van een wanhoop als gevolg van de onzekerheden van de toekomst. De dandy, belichaamd door zowel de auteur (Wilde) als de personages (Lord Henry, Dorian Gray), verpersoonlijkt deze gemoedstoestand:

- Hij is een estheet van een nieuw genre;

- Hij is cynisch wat betreft moraal en onderwezen ideeën;

- Zijn manier van leven is schandalig; toch stelt de venijnige charme van de dandy hem in staat te schitteren in de high society (of tenminste in sommige sociale kringen);

- Hij is verveeld, moe door zijn losbandigheid van vluchtige genoegens die steeds geraffineerder worden, en door zijn gevoel van onvermogen om nieuwe te vinden.

*Het portret van Dorian Gray* is gedrenkt in deze decadentie, die zichtbaar is in:

- De amorele redevoeringen van Lord Henry, die pleit voor "een nieuw hedonisme" (hoofdstuk 2; Dorian gebruikt dit idee opnieuw in hoofdstuk 11, wanneer hij de traditionele afwijzing van zinnelijk genot in verband brengt met een verspilling, de erfenis van een hypocriete moraal).

- Dorian's dubbele leven.

- En vooral de giftige schoonheden waaraan Dorian zich wijdt. Enerzijds omvat dit de excentrieke genoegens: in hoofdstuk 11 doet de opsomming van zijn smaak in parfums, muziek, juwelen enz. denken aan die van de antiheld des Esseintes in de roman *A rebours* (1884) van de Franse schrijver Joris-Karl Huysmans (1848-1908). Deze roman, een soort manifest van de decadente beweging, is waarschijnlijk de roman die Lord Henry in hoofdstuk 10 aan Dorian geeft, volgens een wild verspreid idee dat meestal bevestigd wordt in de secundaire literatuur over *Het portret van Dorian Gray* en dat ondersteund wordt door Wilde's waardering voor dat werk. Aan de andere kant omvat dit ook de verboden genoegens: zo noemt Basil in hoofdstuk 12 de tragische afloop van Dorians vriendschappen met jonge mannen.

## ESTHETICISME

Het parool van het estheticisme, een andere artistieke stroming (maar toch heel dicht bij de decadente stroming) waarmee Wilde in verband kan worden gebracht, is zonder meer "kunst om de kunst". Het kunstwerk moet volledig autonoom zijn omdat schoonheid boven alles gaat, inclusief de moraal en het didactisch nut dat de conventies van die tijd van een werk plegen te verwachten.

Er is niets zedelijks of didactisch in het estheticisme. Kunst als verfijning wordt zelfs boven de brute natuur geplaatst (in de decadente beweging wordt dit zichtbaar door een aantrekkingskracht op de kunstgreep, die ook in *Het portret van Dorian Gray te vinden is*).

Het streven naar schoonheid omwille van de schoonheid wordt weerspiegeld in het gedrag van Dorian, aangezien hij voor niets stopt om nieuwe sensaties te zoeken, tot op het punt dat hij mensen (bijvoorbeeld Sibyl) alleen vanuit artistiek oogpunt beoordeelt. Toch lijkt, verrassend genoeg, "kunst om de kunst" ook deel uit te maken van Basil's filosofie. In hoofdstuk 1 betreurt hij het dat mensen kunst zien als een vorm van autobiografie en "het abstracte gevoel voor schoonheid" hebben verloren. Het is natuurlijk het voorwoord van de roman dat de autonomie van de kunst het meest benadrukt.

# EEN GOTISCHE ROMAN

*Het portret van Dorian Gray is* een laat voorbeeld van een werk dat verband houdt met het gotische genre. [th]Dit genre, dat sinds het midden van de 18e eeuw bestaat, wordt gekenmerkt door *Frankenstein* (1818) van Mary Shelley (Brits schrijver, 1797-1851), *Doctor Jekyll and Mister Hyde* (1886) van Robert Louis Stevenson (Schots schrijver, 1850-1894) en de werken van Edgar Allan Poe (Amerikaans schrijver, 1809-1849):

- Een sfeer van horror: de moord door Dorian, de dood van James Vane.

- Een sinistere en beangstigende omgeving, waarvoor de slechte buurten van het Londen van de 19th eeuw perfect geschikt zijn: vgl. enkele fragmenten, namelijk in hoofdstuk 16, waarin Dorian's bezoeken aan het opiumhol worden verteld (bijvoorbeeld: "De meeste ramen waren donker, maar af en toe werden fantastische schaduwen gesilhouet tegen een verlicht rolgordijn. Hij bekeek ze nieuwsgierig. Ze bewogen als monsterlijke marionetten en maakten gebaren als levende wezens").

- Bovennatuurlijke gebeurtenissen: de veroudering van het portret in Dorian's plaats.

- Een fascinatie voor de irrationaliteiten van de menselijke geest: het thema van de dubbele persoonlijkheid (zoals in *Doctor Jekyll en Mister Hyde*), ook geassocieerd met Dorian en zijn portret, of Dorians nachtelijke angsten, vooral na zijn misdaad.

# WETENSCHAPPELIJKE OVERTUIGINGEN

In *Het portret van Dorian Gray zijn* verwijzingen te vinden naar wetenschappelijke opvattingen van die tijd. Verre van zijn ziel aan de duivel te hebben verkocht, probeert Dorian even het mysterie van de transformatie van zijn portret te doorgronden door een hypothese over de invloed van zijn denken (of zelfs een "affiniteit tussen de chemische atomen […] en de ziel die in hem was", hoofdstuk 8) op een materie die niet leeft, maar inert is, voordat hij zijn interesse in de kwestie verliest.

Fysionomie was een modieuze pseudowetenschap in de 19th eeuw, volgens welke de studie van het fysieke uiterlijk (vooral het gezicht) van een persoon het mogelijk zou maken zijn persoonlijkheid te bepalen. Dit idee staat centraal in het verhaal: het portret is vernederend en neemt alle kwaadaardige uitdrukkingen aan in plaats van Dorian, die al zijn charmes behoudt, vanwege Dorians steeds losbandiger leven en zijn hypocrisie. In zekere zin zet Wilde de fysionomie echter om in spot, want in dit geval worden de beginselen ervan toegepast op het portret, en niet op de persoon.

De kwestie van erfelijkheid, ook actueel in die tijd, komt ook aan bod in de roman: Dorian heeft de schoonheid van zijn moeder geërfd, terwijl James hem haat omdat hij net als zijn vader een aristocraat is. Hoewel hij niet weet waarom deze laatste nooit met zijn moeder is getrouwd, verwerpt James de sociale klasse van Dorian visceraal.

# DE ROMAN WEERSPIEGELD IN DE FOTO

De afbeelding die Dorian Gray voorstelt kan worden gezien als een mise en abyme van de roman zelf. De relatie tussen Dorian en het portret vertoont inderdaad interessante overeenkomsten, evenals de relatie tussen Wilde en zijn roman:

- Voor Dorian is het portret een soort uiterlijk geweten. De losbandigheid die onzichtbaar blijft op zijn eeuwig onschuldig ogende gezicht staat op het schilderij gegrift; daarom verbergt hij het. Zo blijft zijn sociale leven een globaal succes, maar uiteindelijk veroorzaakt het schilderij toch zijn ondergang als hij het probeert te vernietigen.

- Voor Wilde, die als homoseksueel ook een dubbelleven leidde, bevat *Het portret van Dorian Gray* toespelingen daarop die ook hij voor de samenleving moest verbergen. Hoewel Wilde ze in 1891 afzwakte, werden deze toespelingen tegen hem gebruikt in zijn proces wegens homoseksualiteit in 1895 – zijn roman veroorzaakte dus in zekere zin ook zijn ondergang (met als enige verschil dat Wilde er nooit vanaf had willen komen).

# VERDERE REFLECTIE

## ENKELE VRAGEN OM OVER NA TE DENKEN...

- Hoe kan dit verhaal geïnterpreteerd worden? Wat is volgens jou de betekenis van Dorians dood? Welke rol speelt het portret?

- Beschrijf Lord Henry's filosofie. In hoeverre komt deze overeen met die van Wilde?

- Geef voorbeelden van fragmenten waarin de paranoia van Dorian op gotische wijze beschreven lijkt.

- Het streven naar schoonheid in al haar vormen kan de estheet ongevoelig maken voor al het andere. Hoe zijn Lord Henry en Dorian ongevoelig? Hebben ze grenzen?

- Hoe verklaart u het feit dat veel mensen (waaronder Basil), weigeren de geruchten over Dorian te geloven als ze in zijn aanwezigheid en onder invloed van zijn charme zijn?

- Geef voorbeelden van fragmenten waarin kunst wordt geassocieerd met kunst en/of werkelijkheid.

- In het voorwoord schreef Wilde: "Er bestaat niet zoiets als een moreel of een immoreel boek. Boeken zijn goed of slecht geschreven. Dat is alles". Bevestigt de roman dit idee van de auteur? Motiveer je antwoord.

- Vergelijk *Het portret van Dorian Gray* met de mythe van Faust. Heeft Dorian een deal met de duivel gemaakt? Leg je antwoord uit.

- Wat zegt de roman over de sociale vooroordelen tijdens Oscar Wilde's leven?

# VERDER LEZEN

## REFERENTIE-UITGAVE

Wilde, O. (2001) *The Picture of Dorian Gray*. Londen: Wordsworth
Classics.

## REFERENTIESTUDIES

Mighall, R. (2003) *Inleiding tot The Picture of Dorian Gray*. Londen:
Penguin Classics. p. xxv.

*We horen graag van jou! Laat*
*een reactie achter op jouw online bibliotheek*
*en deel je favoriete boeken op social media!*

De uitgever garandeert de betrouwbaarheid van de gepubliceerde informatie, die echter niet onder zijn verantwoordelijkheid valt.

www.50minutes.com

Master ISBN: 9782808688055
Papier ISBN: 9782808699457
Wettelijk depot: D/2023/12603/1225

Omslag: © Primento

Digitaal ontwerp: Primento, de digitale partner van uitgevers.